Ich kanns! **miniLÜK** Ich kann lesen – Geschichten ISBN 978-3-8377-**4158**-2

Name ______________________ Klasse ______________________

Ich habe die Übungen erfolgreich bearbeitet:

Seite		Datum	
2	Der rote Luftballon	________	☑
4	Mit Motte im Park	________	☑
6	Willi backt einen Kuchen	________	☐
8	Auf dem Flohmarkt	________	☐
10	Erkan steht im Tor	________	☐
12	Im Zirkus	________	☐
14	Lisa zeltet	________	☐
16	Hilfe, es brennt!	________	☐
18	Mimi auf dem Ponyhof	________	☐
20	Im Museum	________	☐
22	Im Streichelzoo	________	☐
24	Ina macht das Seepferdchen	________	☐

Die Sprechsilben sind farblich unterschieden.

Wir danken der Grundschule Dettum für die Möglichkeit, dieses Heft mit Kindern zu testen.

Der rote Luftballon

1. Tim steht vor vielen bunten Luftballons.
2. Auf eine Karte schreibt er seinen Namen und seine Adresse.
3. Dann sucht er sich einen roten Ballon aus.
4. Tim knotet die Karte fest an das Band.
5. Viele Kinder lassen ihre Ballons steigen.
6. Ein gelber Luftballon bleibt im Baum hängen.
7. Die anderen fliegen hoch am Himmel.
8. Tims roter Ballon fliegt über einen Wald.
9. Dann landet der Ballon auf einem Feld.
10. Ein Mädchen findet den Ballon mit der Karte.
11. Sie schreibt Tim einen Brief und schickt ihm die Karte zurück.
12. Tim freut sich sehr über den Brief.

1.

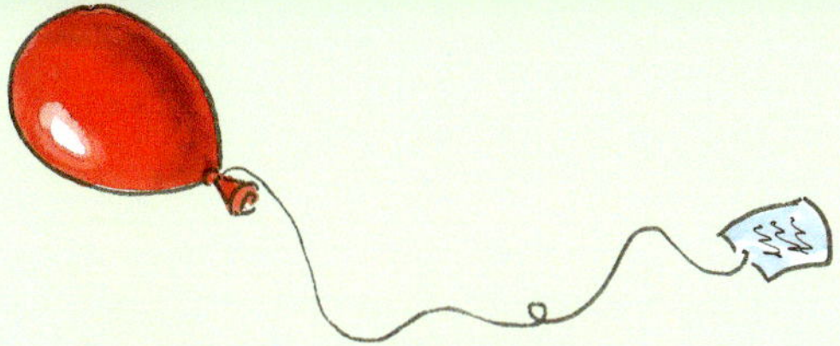

Tim Meier
Rosenallee 1
38106 B

Mit Motte im Park

1. Tina und Ole gehen mit ihrem Hund Motte spazieren.
2. Im Park nehmen sie ihn von der Leine.
3. Motte rennt mit einem anderen Hund über die Wiese.
4. Tina findet einen Stock.
5. Sofort setzt sich Motte hin und wartet.
6. Tina wirft den Stock ganz weit weg.
7. Motte rennt los und kommt mit dem Stock zurück.
8. Plötzlich verschwindet Motte in einem Busch.
9. Die Kinder kriechen hinterher, aber Motte ist nicht da.
10. Ole fängt an zu weinen.
11. Da kommt Motte hinter einem Baum hervor.
12. Vor Freude umarmen Tina und Ole ihren Hund.

1.

Willi backt einen Kuchen

1. Willi bindet sich eine Schürze um.
2. Er holt Butter, Milch und Eier aus dem Kühlschrank.
3. Als Erstes kommen Butter und Zucker in die Schüssel.
4. Dann schlägt Willi die Eier auf.
5. Jetzt will er das Mehl aus dem Regal holen.
6. Da fällt die Tüte auf den Boden.
7. Alles ist voller Mehl.
8. Willi schüttet Mehl und Milch zum Teig.
9. Der Teig muss jetzt gut gerührt werden.
10. Vorsichtig gießt Willi den Teig in die Kuchenform.
11. Eine halbe Stunde backt der Kuchen im Ofen.
12. Zum Schluss verziert Willi den Kuchen mit bunten Streuseln.

1.

MEHL

Auf dem Flohmarkt

1. Anna packt ihre alten Spielsachen und Bücher ein.
2. Sie fährt mit dem Handwagen zum Flohmarkt.
3. Dort breitet sie eine Decke aus.
4. Darauf legt sie die Bücher und ein paar Spiele.
5. Ihre alte Puppe und einen Teddy setzt Anna daneben.
6. Schon kommen die ersten Käufer.
7. Ein Mann zahlt für ein Brettspiel drei Euro.
8. Eine Frau kauft für ihre kleine Tochter die Puppe.
9. Sie nimmt auch noch zwei Bilderbücher mit.
10. Nach zwei Stunden packt Anna ihre restlichen Sachen ein.
11. Jetzt geht sie selbst über den Flohmarkt.
12. Von ihrem Geld kauft sich Anna Rollschuhe.

1.

Erkan steht im Tor

1. Erkan geht zum Sportplatz.
2. Dort zieht er sein blaues Fußballhemd an.
3. Sein Freund Leon bindet sich die Schuhe zu.
4. Sie laufen auf den Platz.
5. Ihre Mannschaft stellt sich im Kreis auf.
6. Die anderen Fußballspieler sind auch schon da.
7. Erkan stellt sich in das Tor.
8. Der erste Schuss prallt am Pfosten ab.
9. Der nächste Ball geht hoch über die Latte.
10. Kurz vor Ende des Spiels kommt noch ein gefährlicher Schuss.
11. Erkan kann den Ball gerade noch auffangen.
12. Vor Freude springt er hoch in die Luft.

1.

Im Zirkus

1. Lukas sitzt mit seinen Eltern im Zirkus in der ersten Reihe.
2. Vor ihm fährt ein Clown auf einem Einrad.
3. Ein zweiter Clown wirft ihm Bälle zu.
4. Der Clown fängt alle Bälle auf.
5. Auch Lukas darf ihm einen Ball zuwerfen.
6. Schnell wirft der Clown die Bälle hoch und jongliert.

7. In der Pause kauft Lukas Vater Brezeln.
8. Ein Zauberer kommt in die Manege.
9. Er zeigt einen leeren Käfig vor.
10. Lukas darf den Käfig prüfen.
11. Dann legt der Zauberer ein Tuch über den Käfig.
12. Als er es wegzieht, sitzt eine weiße Taube im Käfig.

1.

Brezel
1,60€

Lisa zeltet

1. Lisa wird von ihrer Mutter zum Zeltplatz gebracht.
2. Auf einer Wiese stehen weiße Zelte.
3. Eine Betreuerin begrüßt Lisa.
4. Lisas Freundin Nele winkt ihr aus einem Zelt zu.
5. Die beiden Mädchen pumpen ihre Luftmatratzen auf.
6. Dann legen sie ihre Schlafsäcke auf die Matratzen.
7. Später treffen sich die Kinder zu einer Nachtwanderung.
8. Sie gehen mit Taschenlampen durch einen dunklen Wald.
9. Lisa findet eine große Feder.
10. Nach der Wanderung wird am Lagerfeuer Stockbrot gebacken.
11. Lisa und Nele putzen sich die Zähne.
12. Dann kriechen sie in ihre Schlafsäcke und schlafen glücklich ein.

1.

Hilfe, es brennt!

1. Moritz macht am Schreibtisch seine Hausaufgaben.
2. Da sieht er, wie Rauch aus einem Schuppen auf dem Hof kommt.
3. Schnell läuft Moritz in den Flur.
4. Am Telefon wählt er die Notrufnummer 112.
5. Er berichtet dem Mann am Telefon, was er gesehen hat.
6. Dann geht er in den Hof, aber nicht zum Schuppen.

7. Ein Feuerwehrauto fährt auf den Hof.
8. Die Feuerwehrmänner entrollen einen langen Schlauch.
9. Inzwischen kommen schon Flammen aus dem Schuppen.
10. Mit einem dicken Wasserstrahl wird das Feuer gelöscht.
11. Moritz geht ins Haus zurück.
12. Am Abend kommt die Nachbarin und bedankt sich bei Moritz.

1.

112

Mimi auf dem Ponyhof

1. Mimi führt ein Pony aus seiner Box heraus.
2. Sie putzt das Pony mit einer Bürste.
3. Auch die Hufe muss sie sauber machen.
4. Dann holt Mimi den Sattel.
5. Ein großes Mädchen legt den Sattel auf.
6. Nun setzt Mimi ihren Helm auf.
7. Mimi führt das Pony zum Reitplatz.
8. Dort warten schon andere Kinder.
9. Mimi steigt auf das Pony.
10. Sie reitet einige Male im Schritt um den Platz.
11. Dann traben die Kinder um Stangen herum.
12. Nach der Reitstunde gibt Mimi dem Pony einen Apfel.

1.

Im Museum

1. Tarik steht mit seinen Eltern vor einem großen Haus.
2. Über der Tür steht: „Steinzeit-Ausstellung".
3. An der Kasse bezahlt Tariks Vater den Eintritt.
4. In einem Saal ist eine Höhle aus der Steinzeit nachgebaut.
5. Tariks Mutter liest einen Text über die Ernährung.
6. Tarik darf mit zwei Steinen Getreide zu Mehl mahlen.
7. In einem Glaskasten entdeckt er Speerspitzen aus Stein.
8. Besonders toll findet er aber das Skelett eines Mammuts.
9. Dessen Zähne sind größer als Tarik selbst.
10. Sein Vater stellt sich neben einen Höhlenbären.
11. Zum Schluss bekommt Tarik noch ein Heft über die Steinzeit.
12. In der Nacht träumt er von einer Mammut-Jagd.

1.

Steinzeit-Ausstellung
Naturhistorisches Museum
Eintritt Kind 2,50 €
STEINZEIT-AUSSTELLUNG
HÖHLENBÄR
Ernährung
Stein-zeit

Im Streichelzoo

1. Jakob zieht seine große Schwester Lara an der Hand.
2. Schnell laufen die beiden in den Streichelzoo.
3. Lara nimmt ein Meerschweinchen auf den Arm.
4. Vorsichtig streichelt Jakob das Meerschweinchen.
5. Dann rennt Jakob zu den Ziegen.
6. Lara kauft eine Tüte Ziegenfutter.
7. Auf der flachen Hand hält Jakob einer Ziege Futter hin.
8. Brav frisst ihm die Ziege aus der Hand.
9. Jakob lacht, denn das kitzelt sehr.
10. Eine andere Ziege klaut aus Jakobs Hosentasche seine Mütze.
11. Die Ziege kaut auf Jakobs Mütze.
12. Lara schnappt sich die Mütze, damit die Ziege sie nicht aufisst.

1.

STREICHEL-
WIESE
Futter
1,-€

Ina macht das Seepferdchen

1. Ina hat ihren gestreiften Badeanzug an.
2. Sie stellt sich neben die anderen Kinder im Schwimmbad.
3. Der Bademeister schreibt ihre Namen auf.
4. Nun muss Ina einmal durch das Becken schwimmen.
5. Danach wickelt sie sich in ihr Handtuch ein.
6. Beim Tauchen kommt Ina ohne den Ring wieder hoch.
7. Aber beim zweiten Versuch klappt es.
8. Später springt Ina vom Rand ins Wasser.
9. Jetzt kann sie sich umziehen.
10. Der Bademeister gibt den Kindern ihre Urkunden und Abzeichen.
11. Zu Hause zeigt Ina stolz ihr neues Abzeichen.
12. Inas Mutter näht das Abzeichen auf den Badeanzug.

1.